R

MW01536965

FRANCISCO DE GOYA

UN PANORAMA DE SU ÉPOCA

Francisco de Goya es, junto con Diego Velázquez y Pablo Picasso, uno de los tres mayores artistas de la pintura española. Fue un hombre de su tiempo involucrado en las ideas y acontecimientos que acaecieron en España en un período histórico de grandes cambios. Su obra es un verdadero testimonio ideológico y social.

Descubre junto a Manuela cuáles eran sus ideas y la época en que le tocó vivir.

EJERCICIOS Y NOTAS JUAN PEDRO PESCADOR
ASESORAMIENTO ANGELA MARTÍ
DIBUJOS JUAN GIORGI
EDITING SILVIA PRÓSER

PRIMERAS LECTURAS

UNA COLECCIÓN DEDICADA A GRANDES Y PEQUEÑOS
PARA DISFRUTAR LEYENDO HISTORIAS ENTRETENIDAS,
ESCRITAS CON UN LENGUAJE ASEQUIBLE
A TODOS LOS PÚBLICOS.

La Spiga languages

La tarde es tórrida[1] en la capital de España. En la frescura del Museo del Prado Manuela, después de haber admirado *La Maja desnuda* expuesta en la misma pared, queda extasiada frente al cuadro de Francisco de Goya *La Maja vestida*. Espontáneamente, busca las correspondencias y las desigualdades entre las dos obras, un poco como en el juego de las siete diferencias. Compara los atuendos[2] y también las sombras que el pintor ha reproducido sobre los lienzos[3]. Es la primera vez que está en Madrid y ha entrado en el Museo un poco por casualidad, después de haber paseado por el Real Jardín Botánico cerca de allí.

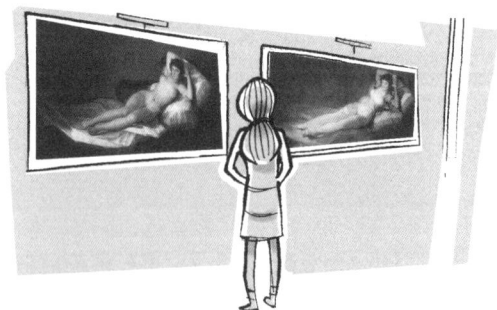

1. **tórrido:** muy ardiente o quemado.
2. **atuendo:** atavío, vestido.
3. **lienzo:** pintura que está sobre tela preparada para pintar sobre ella.

✎ **Encuentra las seis diferencias entre estos dos cuadros y escribe de qué se trata.**

—*D*ivertido ¿no? — dice detrás suyo una voz de hombre con un fuerte acento francés. Manuela se vuelve para ver a su interlocutor.

—¿Tú también buscas las diferencias entre estos cuadros? —le responde Manuela al joven con una sonrisa radiante[1]— no somos los primeros en hacerlo creo…

— ¡Claro! — afirma el joven francés.

— Y me pregunto por qué pintar a esta mujer vestida y a ésta otra desnuda en la misma posición… es algo curioso ¿no? —continúa Manuela.

— Bueno, es algo bastante frecuente entre los pintores eso de hacer muchas pruebas de un mismo cuadro, pero aquí no estamos ante dos ensayos[2] — replica el joven.

—¿De veras? —pregunta Manuela— ¿Cómo lo sabes… eres artista?

1. **radiante:** que siente y manifiesta gozo o alegría grandes.
2. **ensayo:** pintura en la cual un pintor desarrolla sus ideas.

4

✎ **Relaciona cada profesión artística con su descripción correspondiente.**

1. bailarina	**a**. toca el piano
2. pintor	**b**. toca el violín
3. escultor	**c**. dirige la orquesta
4. escritor	**d**. toca un instrumento
5. actor de teatro	**e**. actúa en el teatro
6. dibujante	**f**. diseña vestuario
7. músico	**g**. actúa en el cine
8. director de orquesta	**h**. dibuja
9. violinista	**i**. escribe libros
10. pianista	**j**. esculpe estatuas
11. diseñador	**k**. pinta cuadros
12. actor de cine	**l**. baila

— No. A decir verdad estudio en una escuela de periodismo en Francia y en este momento estoy de vacaciones. Pero me interesa mucho Francisco de Goya.

— ¿Goya? ¿Y por qué especialmente él?

— Porque Goya es un artista singular desde el punto de vista de su personalidad. Un hombre en armonía con la época en la que vivió pero no con los acontecimientos. Por ejemplo, estos dos lienzos, son muy diferentes, y no sólo porque la mujer está desnuda o vestida. — replica el francés.

— ¡Fíjate! —continúa el joven— en *La Maja vestida* las sombras y los relieves insisten más en el cuerpo y menos en las paños o los cojines del diván, en cambio en *La Maja desnuda* el efecto es el contrario: el cuerpo está puesto en menor relieve intencionalmente y son las decoraciones las que están más detalladas.

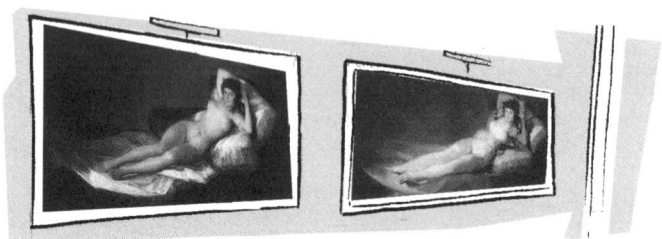

✎ Imagina que has de elegir una profesión artística o cambiar la que tienes. ¿Cuál de las profesiones antes indicadas elegirías?

_____

_____

_____

_____

_____

_____

_____

✎ ¿Te gustaría ser un artista? ¿Qué sabes de historia del arte? Describe algún cuadro o escultura que has visto en un museo o en alguna revista o libro.

_____

_____

_____

_____

_____

_____

_____

— **S**i, lo había observado pero… ¿por qué?

— Debes saber que cuando Goya pintó estos cuadros, en España existía la Inquisición[1]. Goya ya había tenido algunos problemas con ese Tribunal eclesiástico[2] a causa de unos grabados[3] satíricos que había hecho sobre el clero y no quería arriesgarse de nuevo. *La Maja desnuda* es uno de los primeros desnudos femeninos, y una pesquisa[4] de la iglesia sobre ese cuadro podía llegar a tener consecuencias graves. Goya pintó pues este desnudo sin insistir en el cuerpo de la mujer, un poco como por pudor. Además es casi cierto que pintó el otro cuadro "vestido" para presentarlo al público, guardando para la intimidad el del "desnudo".

---

1. **Inquisición:** antiguo tribunal supremo en las causas sobre delitos contra la fe.
2. **eclesiástico:** perteneciente o relativo a la iglesia.
3. **grabado:** estampa que se produce por medio de la impresión de láminas grabadas al efecto.
4. **pesquisa:** indagación que se hace de algo o alguien para averiguar la realidad.

✎ **Relaciona cada imagen con el nombre de cada prenda de vestir.**

una chaqueta

un pantalon

una falda

una camisa

un jersey

un par de zapatos

un par de calcetines

un abrigo

una corbata

un cinturón

un par de botas

un gorro

un sombrero

una bufanda

un pijama

✎ **Aquí tienes unos verbos que deberás usar para hablar de prendas de vestir. ¿Puedes hacer algunas frases con ellos y las prendas que has visto antes?**

COMPRAR • PROBARSE •
PONERSE • QUITARSE

—**P**areces saber muchas cosas sobre él…
—sostiene Manuela— para mí Goya es un pintor como cualquier otro. A decir verdad no me interesan especialmente los artistas, sino sus obras.

— En eso estás equivocada. La obra refleja siempre la mirada del artista: es lo que él ve y también lo que él piensa en un determinado momento.

— ¿Lo que piensa? ¿Cómo puede saberse lo que piensa el pintor?

— Porque los pintores son artistas que quieren transmitir sus pensamientos a quienes se toman el tiempo de admirar sus cuadros. Mira esta mujer vestida: Goya nos muestra su cuerpo y su rostro[1] más bien como él la veía, y no como ella era verdaderamente. Podríamos hasta pensar que él la quería mucho.

1. rostro: cara de las personas.

✎ Conjuga el verbo SER en el tiempo Presente.

1. Ellos _____ Pierre y Manuela.
2. Yo _____ italiano.
3. La "Maja" _____ un cuadro del pintor Goya.
4. Vosotros _____ turistas.
5. Él _____ alto.
6. La mesa _____ de madera.
7. Tú _____ una estudiante.
8. La casa de Pierre _____ blanca.
9. Los zapatos _____ de cuero.
10. Nosotros _____ profesores de Historia del Arte.

▶ Claves: pág. 62

✎ Conjuga el verbo IR en el tiempo Pretérito Indefinido.

1. El año pasado mis padres _____ a visitar el Museo del Prado.
2. ¿_____ a Madrid para el partido Inter-Bayern? (Vosotros)
3. Goya _____ a su primer escuela de pintura en Zaragoza.
4. Manuela y yo _____ a la Universidad de Milán.
5. Manuela _____ a almorzar con Pierre la semana pasada.
6. Ayer yo _____ a la escuela de mi hermana menor.
7. ¿_____ a ver el espectáculo de danza la semana pasada? (tu)

▶ Claves: pág. 62

— ¿Cómo ves todo eso?

— Por la forma como pintó el rostro en particular… las facciones tienen trazos[1] redondeados, que reflejan ternura.

La posición de los brazos tiene también su importancia: las manos detrás de la cabeza muestran toda la belleza de su cuerpo.

La luz que proviene de los pies y que sube sobre el cuerpo como una caricia[2], es la mirada de un hombre enamorado.

— Es verdad, y ahora que me lo dices descubro este cuadro con otros ojos.

1. **trazo:** delineación con que se forma el diseño.
2. **caricia:** demostración cariñosa que consiste en rozar suavemente con la mano el cuerpo de una persona.

✎ **Conjuga los verbos entre paréntesis en los tiempos Pretérito Imperfecto o Indefinido, según corresponda.**

Pierre (llegar) _____ a la puerta de la casa y (tocar) _____ el timbre mientras Manuela (poner) _____ las tazas sobre la mesita. Nadie le (contestar) _____ y por eso (tocar) _____ otra vez. Manuela (oír) _____ el timbre y (llamar) _____ a su hermana Susana que (estar) _____ en el jardín. A pesar de que el timbre (sonar) _____ tres veces, Susana no lo (oír) _____ ni una sola vez y sólo (ir) _____ a la puerta porque Manuela se lo (pedir) _____.

Susana no (ver) _____ a nadie y (resolver) _____ regresar al jardín. El timbre (sonar) _____ nuevamente y Manuela (ir) _____ a abrir la puerta. La señora que (estar) _____ en la puerta junto con Pierre (llamarse) _____ Gladys y (haber) _____ venido con Pierre porque (querer) _____ hablar con Manuela. Por fin le (confesar) _____ que (saber) _____ por Pierre que Manuela (saber) _____ cocinar muy bien y que (querer) _____ aprender de ella.

▸ **Claves: pág. 62**

— **M**ira ahora de nuevo *La Maja desnuda*, el cuadro es aún más íntimo, el artista se ha entretenido en reproducir minuciosamente hasta el hilo de oro de los cojines, como si no se atreviera a pasar su pincel sobre el cuerpo desnudo. La luz es más alta y más dura, como para deslumbrar[1] por su blancura un cuerpo que no se atreve a mostrar al público. Pinta para ostentar[2], pero al mismo tiempo se niega a hacerlo, como un hombre celoso de la mujer amada.

Por suerte, dominó su exhibicionismo de artista, de otro modo este cuadro no hubiera visto nunca la luz del día.

1. **deslumbrar:** dejar a alguien confuso o admirado.
2. **ostentar:** hacer gala de grandeza, lucimiento.

✎ **Relaciona las caras de cada dibujo con los adjetivos siguientes.**

a. triste • **b.** alegre • **c.** preocupado •
d. distraído • **e.** avergonzado •
f. hambriento • **g.** esesperado

—Es maravilloso, no creía que iba a descubrir un día lo que pensaba un hombre que murió hace ya…

— Más de 150 años —contestó el joven— es bastante sorprendente ¿no?

Manuela estaba atónita[1] y estupefacta: este muchacho acababa de hacerle descubrir una cosa apasionante. Hasta hace poco miraba los cuadros de los museos por la belleza de sus colores o de su luz, un poco como se miran fotos para admirar un paisaje hermoso o una niña bonita. Nunca hubiera soñado poder percibir la visión del hombre que se encontraba delante del lienzo, creándolo. No hay duda de que, en los dos cuadros, no veía ahora sólo la imagen de una mujer bonita de antaño[2], sino que de hecho le había sido revelado todo un acontecimiento.

1. **atónita:** pasmada o espantada de un objeto o suceso raro.
2. **antaño:** en tiempo pasado.

✎ **Utiliza TENER o TENER QUE en las siguientes frases.**

1. Pierre y Manuela _____ una fiesta este mes.

2. Él _____ una casa.

3. Pierre _____ visitar otros países.

4. Tú _____ mucho dinero.

5. El guardián _____ trabajar en el Museo.

6. Los niños _____ hambre.

7. Carlos _____ pintar tres cuadros más para su concurso.

8. Luis _____ comprar un libro.

9. Mi papá no _____ un yate.

10. Pierre _____ estudiar mucho para su examen de arquitectura.

▶ **Claves: pág. 62**

— **S**iento interrumpir tus pensamientos — dice el joven— pero debo marcharme, espero no haberte trastornado[1] demasiado.

— Para nada, todo lo contrario, eres un excelente guía y es una lástima que debas partir… ¡de veras!

— Debo regresar mañana para tomar algunos otros apuntes… Podríamos contemplar algún otro cuadro juntos… ¿qué te parece? —dice el joven.

¿Y volver a hablar de Goya? —pregunta Manuela— Ese hombre que fue capaz de transmitir tal mensaje de amor en estas telas debe haber tenido una vida apasionante, ¿verdad?

— Apasionante y agitada, es lo menos que puede decirse de él.

1. trastornar: inquietar.

✎ **Utiliza los adjetivos posesivos de los pronombres que encuentras entre paréntesis.**

1. ¿ Dónde viven _____ amigos? (tú)

2. Necesita _____ casa. (él)

3. Ésta es _____ escuela. (nosotros)

4. _____ libro es azul. (yo)

5. Dónde está _____ auto? (usted)

6. _____ padre es arquitecto. (yo)

7. _____ país es muy hermoso. (nosotros)

8. _____ casa es grande. (yo)

9. Este es _____ problema. (yo)

10. Esos son _____ animales. (ellos)

11. _____ continente es grande. (nosotros)

▸ Claves: pág. 62

19

— De acuerdo, nos vemos entonces mañana a mediodía si quieres. Me llamo Manuela, ¿y tú?

— Mi nombre es Pierre y mañana a mediodía me parece perfecto. Te hablaré sobre la relación de Goya con Francia y los franceses. Como eres española y yo francés sabremos entenderlo bien eso —concluye risueño[1] el joven.

En el camino de retorno a su hotel, Manuela seguía pensando en Goya. Se imaginaba a sí misma en el lugar de la modelo mientras el pintor la retrataba y lo imaginaba levantando delante de ella su pincel para pintar la tela.

1. **risueño:** que se ríe con facilidad.

✎ Describe con tus palabras este retrato de Goya: *Los Duques de Osuna y sus hijos*.

Pierre había sabido despertar su interés y no veía la hora de que llegara el día siguiente para seguir aprendiendo sobre ese pintor que la atraía ahora misteriosamente…

Y también puede ser que para estar nuevamente en compañía de Pierre: ese muchacho era muy agradable y tenía un modo maravilloso de explicar las cosas a pesar de su horrible acento francés…

Y se echó a reír sola en el metro de Madrid que la llevaba de vuelta al hotel.

✎ **Conjuga el verbo ESTAR y termina estas frases en tu cuaderno.**

1. Yo _____ triste cuando…

2. Pierre _____ enojado porque…

3. Manuela _____ estudiando español en el bosque, cuando…

4. El café de Pierre _____ caliente porque…

5. Ella _____ viajando por toda Europa para…

6. La escuela de Manuela _____ en la ciudad vieja desde…

7. Nosotros _____ en la escuela hasta…

8. Colombia _____ en América del Sur, mientras que México…

9. Goya _____ triste porque…

10. Tú y Pierre _____ cansados porque…

11. Ellos _____ felices desde que…

▸ **Claves: pág. 62**

Manuela estaba aprovechando sus vacaciones para descubrir la capital española.

Vivía con sus padres, que tenían un Mesón cerca de Burgos y era la primera vez qué viajaba sola: era libre de elegir lo qué hacer de su jornada.

Al día siguiente Manuela volvió al Museo del Prado a la hora convenida. Pierre estaba ya allí, admirando algunos mármoles como si los descubriera por primera vez.

Hacía ya calor en el exterior y la frescura del vestíbulo[1] alivió a Manuela.

Pierre se acercó lentamente, como si fuera el anfitrión de casa que acoge a una invitada:

— Buenas tardes Manuela, ¿cómo estás?

1. **vestíbulo:** atrio o portal que está a la entrada de un edificio.

✎ Escribe el comparativo correcto.

> más / menos

1. No puedo comer _____ de lo que indica mi dieta.

2. Hoy hubo _____ personas que ayer.

3. Va a ser el edificio _____ lindo de la ciudad.

4. Hoy la reunión es _____ aburrida que ayer.

5. Tengo _____ dinero de lo que pensaba.

6. Éste es el apartamento _____ grande, es el mejor.

7. El puede hacer _____ que yo para ayudarte.

8. Ella es _____ bonita que Marion.

9. Hice ese trabajo _____ veces que él.

▶ **Claves: pág. 62**

— ¡**H**ola Pierre! Muy bien gracias ¿y tú?
—responde Manuela alegre— ¿Sabes que he pensado mucho en Goya desde ayer?…
¿qué vas a enseñarme hoy?
— Voy a hacerte descubrir otros dos cuadros, así como el punto de vista de Goya cuando los pintó. ¡Sígueme!
Pierre se dirigió entonces a través de las salas y las galerías del museo, deteniendose delante de una tela de gran dimensión.
— Éste es *El dos de Mayo* o *La carga de los Mamelucos*[1] dice tendiendo el brazo hacia el cuadro, como un presentador muestra a un artista en un espectáculo de televisión.

1. **mameluco:** soldado de una milicia privilegiada en Egipto.

✎ **Relaciona cada oficio con su descripción correspondiente.**

1. zapatero   **a.** Apaga el fuego

2. fontanero   **b.** Navega en los mares

3. electricista   **c.** Construye la casa

4. panadero   **d.** Vende flores

5. relojero   **e.** Arregla los grifos

6. marinero   **f.** Arregla los enchufes

7. peluquero   **g.** Repara los vidrios

8. florista   **h.** Arregla los relojes

9. vidriero   **i.** Pinta las paredes de la casa

10. soldado   **j.** Hace los zapatos

11. albañil   **k.** Prepara el pan

12. pintor   **l.** Corta el cabello

13. bombero   **m.** Defiende la nación

La tela representaba a unos hombres
a caballo y con el sable en la mano,
que marchaban sobre la muchedumbre.
La mayoría de estos hombres llevaban
turbantes y trajes moriscos. Un hombre,
que parecía ser un oficial, llevaba el casco[1]
dorado de las tropas napoleónicas.

— Entonces… ¿qué ves? —pregunta Pierre.

— Una batalla, se diría una invasión árabe.
Pero… ésta no es la época ¿verdad? —se
asombra Manuela.

—Tienes absolutamente razón, ésta no es
la época. Y sin embargo has tenido la misma
reacción[2] que tus compatriotas.

—¿La misma reacción? —continuó diciendo
Manuela con los ojos abiertos de par en par
admirando el magnífico cuadro.

1. **casco:** copa del sombrero.
2. **reacción:** forma en que alguien o algo se comporta ante un
   determinado estímulo.

✎ **Llena los espacios con POR o PARA según corresponda.**

1. En el cuadro *El Dos de Mayo de 1808* la sangre está justo en el centro de la escena _____ demostrar la barbarie de la batalla.

2. Goya tenía dos maneras de pintar, una _____ los retratos oficiales y otra _____ los acontecimientos históricos.

3. Sorprendido _____ la observación de Manuela, Pierre se echó a reír.

4. Manuela y Pierre se dirigieron hacia una terraza cubierta _____ una pérgola de tela clara.

5. Las autoridades decidieron organizar una competición _____ conmemorar la insurrección madrileña.

6. Goya había soñado con una monarquía constitucional y estaba decepcionado _____ el absolutismo del Rey Fernando VII.

7. Napoleón, aprovechó la guerra contra Portugal _____ nombrar a su propio hermano José Bonaparte "Rey de España".

▸ **Claves: pág. 62**

— ¡**S**í!, te cuento: en aquel momento histórico, los madrileños se sublevaron[1] contra las tropas francesas que estaban ocupando España. Esas tropas habían venido en principio a "ayudar" a España en la invasión de Portugal, que era aliado de los ingleses. España y Francia eran enemigas de Inglaterra y Napoleón envió pues su ejército a través de España con la bendición del Rey.

1. **sublevar:** excitar indignación, promover sentimiento de protesta.

✎ **Conjuga el verbo entre paréntesis en el tiempo FUTURO.**

1. La profesora (explicar) _____ la lección.
2. Manuela (escribir) _____ una carta a su profesor.
3. Iris (ver) _____ la televisión, esta tarde.
4. Yo (leer) _____ el libro.
5. Manuela (hablar) _____ con Pierre.
6. Nosotros (viajar) _____ mañana.
7. Ellos (vivir) _____ en Barcelona.
8. Vosotros (buscar) _____ un hotel.

▶ **Claves: pág. 62**

Pero después de la invasión de Portugal, los soldados franceses volvieron y se quedaron en España. Así fue como Napoleón, aprovechando un momento de cambios en el gobierno español, nombró a su hermano José Bonaparte "Rey de España".
De allí viene la rebelión[1] de los habitantes de Madrid a este anuncio.
Además, los soldados franceses empezaban a sentirse muy a gusto en España, y se hacían servir de comer o de beber en cualquier lado por la fuerza, creando violencia.
Goya, que había admirado las ideas que circulaban después de la revolución francesa, se encontraba ahora ante escenas de una violencia inaudita[2].
Si bien estaba de acuerdo con la República francesa y lo que sus ideales representaban, detestaba a los franceses y su brutalidad.
Había un océano entre lo que había soñado y lo que ahora veía.

1. rebelión: levantamiento público y hostilidad contra los poderes del estado.
2. inaudita: extraordinaria, monstruosa.

🎧 **Escucha el CD.**

Encuentra en esta SOPA DE LETRAS las palabras que te indicamos.

RENACIMIENTO • BARROCO • SIGLO DE ORO • ROCOCO • NEOCLASICISMO • ROMANTICISMO • MODERNISMO • CUBISMO • SURREALISMO

Q	R	E	N	A	C	I	M	I	E	N	T	O
M	M	O	L	Y	S	U	E	G	R	O	H	E
C	B	A	R	R	O	C	O	H	I	S	V	N
H	E	R	M	A	N	A	U	F	M	X	E	E
S	I	G	L	O	D	E	O	R	O	N	L	O
U	X	N	L	I	F	O	Z	O	L	A	A	C
R	O	C	O	C	O	T	S	M	F	F	W	L
R	V	N	O	S	O	T	R	A	S	J	Q	A
E	C	S	S	D	S	L	J	N	F	S	U	S
A	C	N	O	S	O	T	R	T	S	Y	E	I
L	O	Z	T	O	T	T	L	I	Q	V	W	C
I	O	Z	R	O	R	O	M	C	K	G	R	I
S	K	M	O	D	E	R	N	I	S	M	O	S
M	I	S	O	I	K	D	G	S	F	X	Z	M
O	A	B	M	V	C	C	C	M	A	R	X	O
D	F	C	U	B	I	S	M	O	I	S	F	V

▸ **Claves: pág. 62**

33

— **A**h, ¡Vale! Pero… ¿por qué pintar como moros[1] a los soldados franceses entonces?

— Pues sucede que las tropas napoleónicas estaban compuestas también por soldados que provenían de las colonias francesas, en especial de "mamelucos" que eran la milicia de asalto de las primeras líneas: soldados impávidos[2] que saqueaban, mataban y violaban.

En represalia por los asesinatos de algunos soldados franceses que habían sido acorralados por los españoles, el mariscal Marat ordenó una represión sangrienta en Madrid. Para los madrileños, el hecho de que fueran "mamelucos" quienes les atacaran, despertó un resentimiento ya probado antaño durante la conquista morisca.

1. **moro:** se dice del musulmán que habitó en España desde el siglo VIII hasta el XV.
2. **impávido:** impertérrito.

✎ **¿En qué tiempo están conjugadas las siguientes formas verbales del Indicativo?**

a. aprendes → _____
b. tuvo → _____
c. combatía → _____
d. ha pintado → _____
e. contaré → _____
f. han estudiado → _____
g. ha sido → _____
h. testimonió → _____

✎ **¿Cuál es el infinitivo de las siguientes formas verbales?**

a. pintó → _____
b. tengo → _____
c. usemos → _____
d. han venido → _____
e. hecho → _____
f. enseñó → _____
g. habían luchado → _____
h. tomó → _____

▶ Claves: pág. 62

Goya nos muestra en el centro del cuadro uno de esos soldados mamelucos que, apuñalado[1] pierde abundantemente sangre. La sangre está justo en el centro de la escena a propósito, para demostrar la barbarie de la batalla.

— Sí pero es todo bastante confuso. —dice Manuela— Todos esos hombres que guerrean… Yo me pregunto: ¿quién mató a quién?

— La escena está pintada describiendo las cosas al azar[2]… —contesta Pierre— En efecto, dos años después de que los franceses fueran expulsados de España, las autoridades decidieron organizar una competición de pintura para conmemorar la insurrección madrileña.

1. **apuñalar:** dar puñaladas clavando un arma contundente.
2. **azar:** casualidad.

✎ **Escribe frases en cada columna indicando tus preferencias sobre los siguientes estilos de pintura (te indicamos algunos pintores entre paréntesis).**

Impresionismo (Manet, Monet) •
Barroco (Velázquez, Murillo) •
Expresionismo (Schiele, Kandinsky) •
Renacimiento (Botticelli, Rafael) •
Cubismo (Picasso) • Neo-Impresionismo (Degas) •
Surrealismo (Dalí, Miró)

ME GUSTA	NO ME GUSTA
• Me gusta el estilo Barroco y la pintura de Murillo.	• No me gusta el Impresionismo ni la pintura de Monet.
• _____ _____ _____	• _____ _____ _____
• _____ _____ _____	• _____ _____ _____
• _____ _____ _____	• _____ _____ _____

Goya se apresuró a proponer su tela *2 de mayo de 1808* para perpetuar[1], por medio del pincel, las más notables y heroicas acciones de la gloriosa insurrección española contra el tirano de Europa.

Un modo para Goya de remarcar su propio patriotismo, pues se le reprochaba[2] el haber pintado el retrato de José Bonaparte, el hermano de Napoleón —concluye Pierre.

—¿Hizo un retrato de quien personificaba al invasor? —pregunta Manuela asombrada.

— Sí, y el del libertador también, ¡el duque de Wellington! —responde Pierre.

— ¡Pero entonces cambiaba a menudo de opinión! —replica Manuela.

1. **perpetuar:** hacer durable.
2. **reprochar:** reprender, echar en cara.

🎧 **Escucha el CD y responde a las siguientes preguntas en tu cuaderno.**

1. ¿Por qué el *3 de mayo de 1808* es uno de los cuadros históricos más dramáticos que se han pintado?

2. ¿Cómo son los colores, las sombras y los trazos?

3. ¿Cuál era la intención de Goya al pintarlo?

4. ¿Qué se nota en primer plano?

5. ¿Cómo son representados los soldados?

6. ¿Qué piensas que representa la gran linterna a los pies de los soldados que ilumina en primer plano al personaje con la camisa blanca y los brazos levantados?

✏️ **Describe en tu cuaderno los personajes que encuentras en el cuadro de Goya.**

— **S**í y no… Debo confesarte que es éste uno de los misterios de Francisco de Goya. No debemos olvidar ante todo que Goya era el pintor oficial de la Corte del Rey de España, lo que le imponía por tanto pintar también los retratos de la Familia Real y de sus sucesores. Además no se sentía atado a los hombres sino que al poder del Reino. —dice Pierre.

— Era un poco lo que hoy sería el fotógrafo oficial, pero al contrario de otros pintores reales, no hacía regalos pintando… —continúa Pierre— Se acercaba mucho a la realidad aunque ésta fuera mala o poco favorable.

✎ **Llena los espacios con el verbo SER o con el verbo ESTAR según corresponda.**

1. Manuela _____ de vacaciones.

2. Las amigas de Manuela _____ italianas.

3. La mesa _____ baja, _____ larga, _____ de color marrón, pero _____ sucia.

4. El mejor amigo de Pierre_____ alto y sus ojos _____ verdes.

5. El guardián del Museo _____ distraído.

6. Los escolares _____ aburridos.

7. El Museo _____ de cemento.

8. _____ las tres y media.

9. Manuela _____ viajando por Europa.

10. Las amigas _____ cansadas de viajar.

11. Yo _____ escritor.

▶ **Claves: pág. 62**

41

Muchos otros retratistas retocaban expresamente y de forma lisonjera[1] a sus modelos siguiendo los consejos de Palomino de Velasco, un gran pintor del Siglo XVII, para contentarles y hacerles aparecer más embellecidos en la tela.

Es también por eso que Goya fue alguien atípico respecto a otros pintores de la época. Nos dejó telas que son testimonios de su tiempo y podemos ver cómo eran de veras las personalidades representadas. Son pocos los personajes de la historia retratados en su estado verídico[2] antes de la aparición de la fotografía.

1. **lisonja:** alabanza para ganar la voluntad de alguien.
2. **verídico:** que dice la verdad, verdadero.

✎ **¿Conoces la biografía de algún pintor? ¿Puedes escribirla aquí para después referirla a tus compañeros?**

_____

_____

_____

_____

_____

_____

_____

_____

_____

_____

— ¿Tenía entonces dos maneras de pintar?
¿Una para los retratos oficiales y otra para los acontecimientos? —pregunta confusa
Manuela.

— Podríamos decir que en los retratos oficiales pintaba de modo realístico y para todo el resto se convertía en el precursor[1] del arte moderno. Lo ves sobre todo en estos dos cuadros, en los que los rostros son muy poco detallados, con fisonomías bastante toscas[2], sólo son importantes
los colores y la perspectiva de conjunto.
Es un paso hacia el Impresionismo.
—responde Pierre.

— Sé que te parecerá tonto —dice Manuela—
pero no sé lo que es el Impresionismo.

1. **precursor:** que se adelanta en el tiempo o lugar.
2. **tosco:** grosero, sin pulir.

44

✎ **En tu cuaderno, prepara frases completas con los siguientes verbos reflexivos.**

Yo...

dormirse	bañarse
levantarse	sentarse
ducharse	lavarse
secarse	quedarse
peinarse	cepillarse
ponerse	quitarse
vestirse	despertarse
acostarse	marcharse
irse	

✎ **Ahora utiliza alguno de los verbos para contar tus hábitos cotidianos.**

_____

_____

_____

_____

_____

A decir verdad antes de encontrarte no conocía absolutamente nada de arte ni de pintura.

Sorprendido por la observación, Pierre se echó a reír.

— Perdona tú —dice— es que tenías el aire de comprender tan bien lo que yo te explicaba, que he hablado todo el tiempo como dirigiéndome a una conocedora del tema. No te preocupes, no hay nada malo en no conocer las cosas.

— Gracias… —responde Manuela un poco incómoda.

✎ ¿Es verdadero (V) o falso (F)?

		V	F
a.	Pierre visita el Museo del Prado porque le interesa Goya.	☐	☐
b.	Goya pintó el famoso cuadro *Guernica*.	☐	☐
c.	Napoleón y los franceses invadieron España.	☐	☐
d.	Los madrileños aceptaron la invasión francesa.	☐	☐
e.	Manuela enseña a Pierre todo sobre Goya.	☐	☐
f.	Pierre es español.	☐	☐
g.	La *Maja desnuda* y la *Maja vestida* son cuadros idénticos.	☐	☐
h.	Goya era el pintor oficial de la Corte de España.	☐	☐
i.	Goya puso en su pintura su visión de la historia.	☐	☐

▶ **Claves: pág. 62**

— ¡**D**e nada! Te explicaré brevemente. El impresionismo es un estilo en el que se pinta con pequeñas pinceladas sobre la tela. No se hacen trazos continuos o mejor dicho: no hay grandes detalles sino que hay más bien un conjunto luminoso. Para mejor apreciarlo, el cuadro debe ser visto de lejos. En la época de Goya este estilo no existía, y vio la luz sólo en el siglo XIX en Francia con pintores como Renoir o Monet, para citar alguno de ellos.

— Vale, lo entiendo mejor ahora. Es verdad que si se mira bien *El 2 de Mayo* se descubre la pintura puesta como manchas sobre la tela, no hay verdaderos detalles como en los cuadros de las *Majas*.

✎ **Prepara dos listas con adjetivos que describan un aspecto del carácter o del físico de una persona.**

Adjetivos

POSITIVOS	NEGATIVOS
simpático	*malhumorado*
_____	_____
_____	_____
_____	_____
_____	_____
_____	_____
_____	_____

✎ **Ahora describe a dos de tus compañeros utilizando los verbos SER y ESTAR. Utiliza por lo menos tres de los adjetivos de las listas del ejercicio anterior.**

Manuela es morena y bonita.
Pierre está enfadado con su hermano.

—¡Lo ves, yo tenía razón: aunque no eres experta tienes buenas posibilidades para serlo! —exclama Pierre risueño.

— Con un profesor como tú, esto no es difícil. —le responde a su vez Manuela con una gran carcajada.

— Gracias Manuela.

— Pero dime, Pierre, ¿piensas que si me pongo a pintar haciendo muchos pequeños puntos, como una imagen de una pantalla de ordenador haría un buen trabajo?

— Otros lo hicieron más tarde, esta corriente se llama "puntillismo". Lo ves, cuanto más aprendes sobre la pintura, más cosas hay para descubrir. ¡Te estás convirtiendo en toda una experta!

Ambos ríen.

✎ **Completa las frases con el marcador temporal adecuado. Luego señala que tiempo es usado en cada frase.**

> después • cuando • antes • hoy • ayer • ahora

1. _____ Manuela pensó mucho en Goya.
   - → Tiempo usado _____
2. _____ Pierre mostrará a Manuela dos cuadros.
   - → Tiempo usado _____
3. _____ eran los pintores quienes retrataban a los Reyes, _____ son los fotógrafos.
   - → Tiempo usado _____
4. Dos años _____ de la Insurrección de Mayo 1808, los franceses abandonaron España
   - → Tiempo usado _____
5. _____ Goya pintó estos cuadros, en España existía la Inquisición.
   - → Tiempo usado _____
6. Manuela descubrió en esos dos cuadros, el punto de vista de Goya _____ los pintó.
   - → Tiempo usado _____
7. _____ Manuela no conocía absolutamente nada de arte ni de pintura
   - → Tiempo usado _____

▸ **Claves: pág. 62**

La tarde había pasado demasiado rápida. De hecho sólo habían visto muy pocos cuadros, pero Pierre había hablado mucho y tenía sed. Invitó entonces a Manuela a beber algo en el bar enfrente del Museo. Cruzaron la gran arteria[1] del Paseo del Prado y se dirigieron hacia una terraza cubierta por una pérgola[2] de tela clara. Con dificultad encontraron un lugar y se sentaron en una pequeña mesa redonda. Pidieron dos refrescos[3] y unas tapas[4].

—¿Qué es lo que más te conquistó en Goya para estudiarlo tan bien? —le preguntó Manuela a Pierre.

— Nada de especial. Me gusta la pintura y el arte en general. Quizás lo que más me atrajo fue su inclinación hacia Francia.

1. **arteria:** calle de una población en la que afluyen muchas otras.
2. **pérgola:** armazón para sostener una planta.
3. **refresco:** bebida fría.
4. **tapas:** pequeña porción de algún alimento que se sirve como acompañamiento a una bebida.

✎ **Escribe un sinónimo y un antónimo de los adjetivos siguientes.**

		SINÓNIMO		ANTÓNIMO
terrible	=	_____	≠	_____
triste	=	_____	≠	_____
soleado	=	_____	≠	_____
sombrío	=	_____	≠	_____
verdadero	=	_____	≠	_____
bueno	=	_____	≠	_____
detención	=	_____	≠	_____
peligroso	=	_____	≠	_____

✎ **Indica un sinónimo de las siguientes expresiones.**

¡Claro!	=	_____
¡Oye...!	=	_____
¡Vale!	=	_____
¡Ojalá!	=	_____

▸ **Claves: pág. 62**

— **P**ero tú me has dicho que había pintado los dos cuadros de la insurrección[1] de mayo por patriotismo[2], ¿no es verdad?

— Si, es exacto, pero seguió enamorado de Francia y de su espíritu librepensador. Tanto que después del regreso de la monarquía española y de la Inquisición, fue objeto de pesquisas.

—¿A pesar de su notoriedad? —observa Manuela.

— Si. A pesar de ello y de que seguía siendo el primer pintor oficial de Corte.

Goya, que había soñado con una monarquía constitucional, estaba decepcionado por la reacción de absolutismo[3] del Rey Fernando VII a su regreso del exilio.

---

1. **insurrección:** levantamiento, sublevación o rebelión de un pueblo, de una nación.
2. **patriotismo:** amor a la patria.
3. **absolutismo:** sistema de gobierno absoluto.

🎧 **Escucha el CD.**
Completa este CRUCIGRAMA.

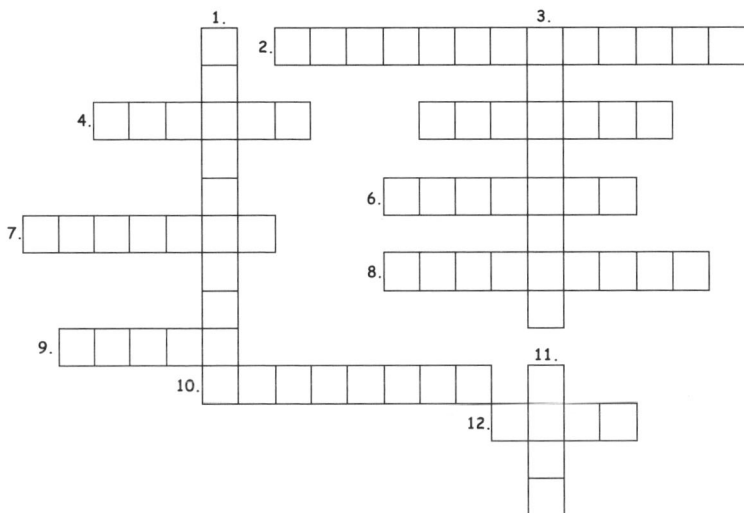

1. Habitantes de la capital de España.
2. Enojo por algo que empuja a ser desagradable con quien se considera responsable de su desgracia.
3. Soldado de Egipto que luchó para el ejército francés.
4. Lo encontramos en un museo o exposición, puede ser grabado o pintura.
5. Contrario, opuesto a alguien o algo.
6. Combate de un ejército contra otro.
7. Mamífero con cuatro patas, cabeza alargada y orejas pequeñas; equino.
8. Personas que viven en Francia.
9. Sensación de angustia por algún mal o peligro.
10. Personas que sirven en el ejército.
11. Se dice de la persona musulmana que habitaba en Andalucía.
12. Artista español; pintó la *Maja vestida*.

▶ **Claves: pág. 62**

— **A**lterado por la enfermedad y la sordera[1], pintó sus famosas "pinturas negras" que reflejaban sus angustias.

— ¿Las pinturas negras?

— Sí, una serie de catorce frescos que pintó sobre los muros de su finca[2] cerca de Madrid. La llamaban *La Quinta*[3] *del sordo*.

—¿Existe todavía esa finca? —pregunta Manuela interesada.

— No, fue demolida. Pero, antes de la destrucción y ante la solicitud de un banquero belga adinerado, los frescos fueron trasladados del yeso a lienzos.

— ¡Qué suerte! pero ¿qué fue de ellas?

— El banquero quería especular y venderlas a la Exposición Universal de París de 1878.

---

1. **sordera:** privación o disminución de la facultad de oír.
2. **finca:** propiedad inmobilarie, rústica o urbana.
3. **quinta:** casa de recreo en el campo.

✎ **Cuenta tu experiencia de una visita a un museo y lo que has visto.**

_____

_____

_____

_____

_____

_____

_____

_____

_____

_____

_____

_____

_____

_____

_____

_____

_____

_____

_____

— ¿Y las vendió?

— No, en efecto cambió de opinión y las obsequió en 1881 al Museo del Prado, podremos ir a verlas juntos.

Manuela bebía su naranjada helada en el calor de la tarde de Madrid. Esta pequeña frase le había acariciado el alma…

"podemos ir a verlas juntos…"

Le gustaba mucho Pierre y la idea de volver a verlo le producía placer[1]. Con él tenía la impresión de abrirse a la vida, al arte. Empezaba a pensar como Goya y como él sentía una atracción por Francia y sus ideales… ¿no será que empezaba a tener un particular interés hacia ese apuesto joven francés?

1. **placer:** goce, satisfacción, sensación agradable.

🎧 **Escucha en el CD la biografía de Francisco de Goya y Lucientes y responde.**

1. ¿Cuándo y dónde nació Francisco de Goya?

   _____

2. ¿Dónde vivió durante su infancia?

   _____

3. ¿Dónde comenzó a estudiar pintura?

   _____

4. ¿A dónde viaja para completar su formación?

   _____

5. ¿A dónde se traslada y es introducido en la Corte?

   _____

6. ¿Qué le solicita la alta sociedad española de la época?

   _____

7. ¿Qué sucede en 1808 en España?

   _____

8. ¿Cuál es la reacción de Goya ante la guerra y la invasión francesa?

   _____

9. ¿Qué período monárquico vivió Goya y cuales reyes se sucedieron durante su vida?

   _____

— ¿Las pinturas negras fueron sus últimas obras? pregunta entonces Manuela.

— No, ¡en absoluto! Goya se repuso más tarde y partió hacia Francia, el país idealizado por él.

Pretextando[1] un viaje de salud, se estableció en Burdeos donde se dedicó a hacer una serie de litografías[2] sobre el tema de la tauromaquia y donde murió unos años más tarde acompañado de sus seres queridos.

1. **pretextar:** valerse de un pretexto.
2. **litografías:** dibujar o grabar en piedra preparada al efecto.

—¿**A**cabó tranquilamente su vida entonces?

— Sí, donde quería y con quienes quería. Tenía 82 años.

— Es maravilloso.

Manuela permanece un tiempo fantaseando y pensando en ese pintor que siente tan cercano como si estuviera vivo. Sabe que pasará sus vacaciones admirando las espléndidas telas de Goya aconsejada por Pierre y saborea ya por adelantado todos esos momentos.

CLAVES

Página 11

SER: 1. son • 2. soy • 3. es •
4. sois • 5. es • 6. es • 7. eres •
8. es • 9. son • 10. somos

IR: 1. fueron • 2. fuisteis • 3. fue • 4.
fuimos • 5. fue • 6. fui • 7. fuiste

Página 13

llegó • tocó • ponía • contestó • tocó •
oyó • llamó • estaba • sonó • oyó • fue
• pidió • vio • resolvió • sonó • fue •
estaba • se llamaba • había • quería •
confesó • sabía • sabía • quería

Página 17

1. tienen • 2. tiene • 3. tiene que •
4. tienes • 5. tiene que • 6. tienen •
7. tiene que • 8. tiene que •
9. tiene • 10. tiene que

Página 19

1. tus • 2. su • 3. nuestra • 4. mi • 5. su
• 6. mi • 7. nuestro • 8. mi • 9. mi • 10.
sus • 11. nuestro

Página 23

1. estoy • 2. está • 3. estaba •
4. estaba • 5. está • 6. está •
7. estaremos • 8. está • 9. estaba •
10. estáis • 11. están

Página 25

MÁS: 1 • 2 • 3 • 6 • 7 • 8 • 9;
MENOS: 4 • 5

Página 29 :

1. para • 2. para, para • 3. por •
4. por • 5. para • 6. por • 7. para

Página31

1. explicará • 2. escribirá • 3. verá •
4. leeré • 5. hablará •
6. viajaremos • 7. vivirán •
8. buscaréis

Página 33:

Página 35

a. Presente • b. Pretérito Indefinido •
c. Pretérito Imperfecto •
d. Pretérito Perfecto • e. Futuro
Imperfecto • f. Pretérito Perfecto •
g. Pretérito Perfecto • h. Pretérito
Indefinido

a. pintar • b. tener • c. usar • d. venir •
e. hacer • f. enseñar • g. luchar •
h. tomar

Página 41

1. está • 2. son • 3. es/es/es/está •
4. es/son • 5. es • 6. están • 7. es •
8. son • 9. está • 10. están • 11. soy

Página 47

a. V • b. F • c. V • d. F • e. F • f. F •
g. F • h. V • i. V

Página 51

1. ayer, Pretérito Indefinido • 2. hoy,
Futuro • 3. antes, Pretérito Indefinido
/ ahora, Presente • 4. después,
Pretérito Indefinido • 5. cuando,
Pretérito Indefinido • 6. cuando,
Pretérito Indefinido • 7. antes,
Pretérito Imperfecto

Página 53

tremendo • espléndido; afligido •
alegre; cálido • nublado; tétrico •
luminoso; genuino • falaz; bondadoso
• malo; captura • liberación;
arriesgado • seguro

¡Seguro! • ¡Escucha! • ¡Está bien! •
¡Dios lo quiera!

Página 55

1. madrileños • 2. resentimiento •
3. mameluco • 4. cuadro • 5. enemigo
• 6. batalla • 7. caballo • 8. franceses
• 9. miedo • 10. soldados • 11. moro •
12. Goya

PORTFOLIO

Pon una muesca (✓) en la columna correcta.

Las profesiones y los oficios
(páginas 5, 7, 27) ☺ ☺ ☹

Las prendas de vestir (página 9) ☺ ☺ ☹

Los verbos SER (páginas 11, 41, 49),
ESTAR (páginas 23, 41, 49) e IR (página 11) ☺ ☺ ☹

La conjugación (página 35): el Presente
(página 11), el Pretérito Indefinido (páginas 11, 13),
el Pretérito Imperfecto (página 13) y TENER o
TENER QUE (página 17) ☺ ☺ ☹

Los adjetivos posesivos (página 19),
descriptivos (páginas 15, 49) ☺ ☺ ☹

La descripcion (páginas 21, 43) ☺ ☺ ☹

Los comparativos MÁS o MENOS (página 25) ☺ ☺ ☹

Uso de POR y PARA (página 29) ☺ ☺ ☹

El Futuro (página 31) ☺ ☺ ☹

Expresar preferencias (página 37) ☺ ☺ ☹

La comprensión oral (páginas 33, 39, 55, 59) y
escrita (página 47) ☺ ☺ ☹

Los verbos reflexivos (página 45) ☺ ☺ ☹

Los marcadores temporales (página 51) ☺ ☺ ☹

Los sinónimos y los antónimos (página 53) ☺ ☺ ☹

• LECTURAS PARA EMPEZAR 🎧 •

	CANTAR DE MÍO CID
Acuña	LA NOCHE DE HALLOWEEN
Alarcón	EL CAPITÁN VENENO
Arciniega	EL CABALLERO Y LA ESPADA
Arciniega	LA LEYENDA DE EL DORADO
Arciniega	LAS INSÓLITAS VACACIONES DE MIGUEL
Baum	EL MARAVILLOSO MAGO DE OZ
Castillo	MANOLITO EL TORERO
Cerrada Dahl	EL CHAPUCERO
Cervantes	LA ESPAÑOLA INGLESA
Collodi	LAS AVENTURAS DE PINOCHO
Dantas	VASCO DE GAMA
Daudet	TARTARÍN DE TARASCÓN
De la Helguera	EL SOMBRERO ASESINO
Grimm	HANSEL Y GRETEL
Manuel	EL CONDE LUCANOR
Maqueda	¡VAMOS A BAILAR!
Mondino	ZAPATA
Pescador	EL FANTASMA DE MACHU PICCHU
Pescador	LA ARMADA INVENCIBLE
Ruiz	UN DÍA DIFÍCIL PARA MERLÍN
Veneri	EL CARNAVAL DE TENERIFE
Veneri	LA CASA DE LOS MISTERIOS
Wilde	EL FANTASMA DE CANTERVILLE

• PRIMERAS LECTURAS •

Alonso	🎧 EL PILAR - NAVEGANDO CON HEMINGWAY
Arciniega	EL MAGO PISTOLERO
Arciniega	TERREMOTO EN MÉJICO D.F.
Bazaga Alonso	🎧 FRANCISCO PIZARRO
Bermejo	DRÁCULA Y SUS AMIGOS
Busch	MAX Y MORITZ
Cabeza de Vaca	🎧 NÁUFRAGOS
Cerrada Dahl	TITANIC
Cervantes	🎧 EL RUFIÁN DICHOSO
Cervantes	🎧 LA GITANILLA
Dantas	🎧 ¡QUÉ MOVIDA EN IBIZA!
de la Helguera	LA MÁSCARA DE BELLEZA
Del Monte	🎧 CRISTÓBAL COLÓN
Del Monte	JUEGA CON LA GRAMÁTICA ESPAÑOLA
Del Monte	¿JUGAMOS CON LAS PALABRAS?
Diez	EL CARNAVAL DE RÍO DE JANEIRO
Diez	EL GATO GOLOSO
Doyle	🎧 DOS AVENTURAS DE SHERLOCK HOLMES
García	LA CUCARACHA
González-Amor S.	🎧 EL FANTASMA SIN NOMBRE
Hoffmann	PEDRO MELENAS
Maqueda	EL FANTASMA CATAPLASMA
Mondino	🎧 FRANCISCO DE GOYA
Pescador	🎧 EL TESORO DE PUERTO ESCONDIDO
Ruiz	ALEJANDRO MAGNO
Salamandra	PANCHO VILLA
Stoker	🎧 DRÁCULA

• LECTURAS SIMPLIFICADAS •

	EL CID CAMPEADOR
	EL LAZARILLO DE TORMES
Acuña	DESAPARECIDOS
Alarcón	🎧 EL SOMBRERO DE TRES PICOS
Arciniega	EVITA PERÓN
Arciniega	LOS SUPERVIVIENTES DE LOS ANDES
Bazaga Alonso	EL MISTERIO DE MOCTEZUMA
Bazaga Alonso	EL MONSTRUO DE LAS GALÁPAGOS

Right column top

Bazaga Alonso	HERNÁN CORTÉS
Bécquer	🎧 LEYENDAS
Carmos	LA NIÑA DE ORO
Cervantes	DON QUIJOTE DE LA MANCHA
Cervantes	RINCONETE Y CORTADILLO
Del Monte	¿JUGAMOS CON LAS PALABRAS?
Del Monte	JUEGA CON LA GRAMÁTICA ESPAÑOLA
Del Monte	🎧 PABLO PICASSO
Galdós	🎧 ZARAGOZA
Gómez	RAPA NUI. El misterio de la Isla de Pascua
Lorca	🎧 BODAS DE SANGRE
Martin	🎧 GAUDÍ EN BARCELONA
Mendo	EL CASO DEL TORERO ASESINADITO
Mendo	DELITO EN CASABLANCA
Modotto	🎧 SALVADOR DALÍ
Quiroga	🎧 ANACONDA y otros cuentos de la selva
Rivas	🎧 SIGUIENDO LOS PASOS DE CHE GUEVARA
Rubio	VIDA DE ANA FRANK
Shelley	FRANKENSTEIN
Toledano	EL TRIÁNGULO DE LAS BERMUDAS
Ullán Comes	DELITO EN ACAPULCO
Ullán Comes	EL ASEDIO DE GIBRALTAR
Ullán Comes	EL VAMPIRO
Unamuno	🎧 SAN MANUEL BUENO, MÁRTIR
Valdés	🎧 LA HERMANA SAN SULPICIO
Veneri Rodríguez	🎧 EL CAMINO DE SANTIAGO

• LECTURAS SIN FRONTERAS •

	EL ROMANCERO VIEJO
Arciniega	AMISTAD
Bazaga Alonso	LA ARMADA INVENCIBLE
Bazán	🎧 LOS PAZOS DE ULLOA
Cervantes	🎧 DON QUIJOTE DE LA MANCHA
Del Monte	JUEGA CON LA GRAMÁTICA ESPAÑOLA
Gómez	LA ISLA ENCANTADA
Ibáñez	ENTRE NARANJOS
Ibáñez	LOS CUATRO JINETES DEL APOCALIPSIS
Manuel	EL CONDE LUCANOR
Miró	EL LIBRO DE SIGÜENZA
Tirso de Molina	EL BURLADOR DE SEVILLA
Ullán Comes	LA NOCHE DE HALLOWEEN
Valera	🎧 JUANITA LA LARGA
Valera	🎧 PEPITA JIMÉNEZ
Unamuno	🎧 LA TÍA TULA

• CLÁSICOS DE BOLSILLO •

	EL LAZARILLO DE TORMES
Alarcón	EL SOMBRERO DE TRES PICOS
Asturias	LEYENDAS DE GUATEMALA
AA.VV.	CUENTOS HISPANOAMERICANOS
Bazán	LA GOTA DE SANGRE y otros cuentos policíacos
Bécquer	LEYENDAS
Calderón de la Barca	LA VIDA ES SUEÑO
Cervantes	NOVELAS EJEMPLARES
Clarín	CUENTOS
Donoso	EL LUGAR SIN LÍMITES
Galdós	TRAFALGAR
Laforet	RELATOS
Larra	EL CASARSE PRONTO Y MAL
Lope de Vega	NOVELAS A MARCIA LEONARDA
Moratín	EL SÍ DE LAS NIÑAS
Neruda	CIEN SONETOS DE AMOR
Quevedo	EL BUSCÓN
Rojas	LA CELESTINA
Valera	LA BUENA FAMA y otros cuentos
Zorrilla	DON JUAN TENORIO

• EASY READERS SELECTION •

Alcott	LITTLE WOMEN
Barrie	PETER PAN
Baum	THE WIZARD OF OZ
Bell	PLAY WITH ENGLISH GRAMMAR
Bell	PLAY WITH ENGLISH WORDS
Bell	PLAY WITH THE INTERNET
Bell	PLAY WITH... VOCABULARY
Brontë	WUTHERING HEIGHTS
Burnett	THE SECRET GARDEN
Carroll	ALICE IN WONDERLAND
Cooper	THE LAST OF THE MOHICANS
Defoe	ROBINSON CRUSOE
Dickens	A CHRISTMAS CAROL
Dickens	OLIVER TWIST
Dolman	ROBIN HOOD STORIES
Dolman	THE LOCH NESS MONSTER
Dolman	THE SINKING OF THE TITANIC
Dolman	THE STORY OF ANNE FRANK
Grahame	THE WIND IN THE WILLOWS
Hetherington	THE BATTLE OF STALINGRAD
James	GHOST STORIES
Jerome	THREE MEN IN A BOAT
Kipling	JUNGLE BOOK STORIES
Leroux	THE PHANTOM OF THE OPERA
London	THE CALL OF THE WILD
London	WHITE FANG
Melville	MOBY DICK
Poe	BLACK TALES
Raspe	BARON MÜNCHHAUSEN
Scott	AMERICAN INDIAN TALES
Scott	FOLK TALES
Scott	IVANHOE
Shakespeare	ROMEO AND JULIET
Shakespeare	MIDSUMMER NIGHT'S DREAM
Shelley	FRANKENSTEIN
Stevenson	DR JEKILL AND MR HYDE
Stevenson	TREASURE ISLAND
Stoker	DRACULA
Stowe	UNCLE TOM'S CABIN
Swift	GULLIVER'S TRAVELS

Right column

Twain	TOM SAWYER
Twain	HUCKLEBERRY FINN
Twain	THE PRINCE AND THE PAUPER
Wallace	KING KONG
Whelan	A STATUE OF LIBERTY
Whelan	DRACULA'S WIFE
Wrenn	PEARL HARBOR
Wright	DRACULA'S TEETH
Wright	ESCAPE FROM SING-SING
Wright	THE ALIEN
Wright	THE BERMUDA TRIANGLE
Wright	THE MUMMY
Wright	THE MURDERER
Wright	THE WOLF

• EASY READERS AUDIO 🎧 •

Brontë	WUTHERING HEIGHTS
Conrad	HEART OF DARKNESS
Coverley	CALAMITY JANE • BUFFALO BILL
Demeter	HOUSE! • NIGHTMARE
Dolman • Demeter	AN EXODUS • APOCALYPSE
Hapnen	STONEHENGE ENIGMA
Hartley	THE BATTLE OF BRITAIN
Hartley	WANTED! DEAD OR ALIVE
Lovell	AL CAPONE • MAFIA
Marryat • Nesbit	FOREST • RAILWAY
Melville	TYPEE
Melville • London	MOBY DICK • WILD
Peet • Dolman	ORIENT • ANDES
Peet • Wright	LAWRENCE • PSYCHO
Rollasson	TROUBLE AT SCOTLAND YARD
Shakespeare	HAMLET
Shakespeare	ROMEO AND JULIET
Shelley • Wallace	FRANKENSTEIN • KING KONG
Schonbeck	EL PILAR: HEMINGWAY'S BOAT
Stoker • Poe	DRACULA • BLACK TALES
Wilde	THE PICTURE OF DORIAN GRAY
Wilde • Collins	EARNEST • MOONSTONE
Wise • Peet	LANDRU • TRAGEDY AT NIAGARA
Wright	HUNTER • CRIMINAL
Wright	JACK THE RIPPER • THE VAMPIRE

© 2011 ELI SRL - LA SPIGA LANGUAGES • TEL. +39 02 2157240 • info@laspigaedizioni.it • info@elionline.com
IMPRIME Tecnostampa • ITALIA